"Love is composed of a single soul inhabiting two bodies."

— Aristotle

"사랑은 두 몸에 깃든 하나의 영혼이다."

"Being deeply loved by someone gives you strength,
while loving someone deeply gives you courage."

— Lao Tzu

"누군가에게 깊이 사랑받는 것은 힘을 주고,
누군가를 깊이 사랑하는 것은 용기를 준다."

세상에서
가장
아름다운
詩 92선
필사노트

세상에서 가장 아름다운 시 92선 필사노트

초판 1쇄 인쇄 | 2025년 05월 19일
초판 1쇄 발행 | 2025년 11월 27일

옮긴이 | 이　진
펴낸이 | 구본건

표지·본문 | Do'soo

펴낸곳 | 비바체
주소 | (07668) 서울, 강서구 등촌로39길 23-10, 202호
전화 | 070-7868-7849　**팩스** | 0504-424-7849
전자우편 | vivacebook@naver.com

ISBN 979-11-93221-35-8 (03190)

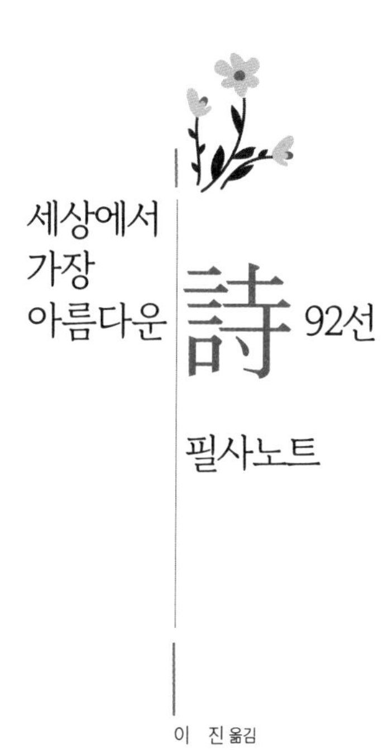

세상에서 가장 아름다운 詩 92선 필사노트

이 진 옮김

VIVA체

세상에서 가장 아름다운 시는 바로 '사랑'입니다

그 누구든지 한 번쯤은 사랑을 합니다. 누구나 사랑에 기뻐하고 슬퍼하며 나름대로 가슴의 정원을 가꾸어 나갑니다.

그렇습니다. 사랑은 우리 인생을 살찌게 하는 영양소인 것입니다. 그러나 사랑에 악취가 날 때도 있습니다. 가슴에서 가슴으로 전달되는 사랑의 소리가 시끄러운 소음과 같을 때가 있습니다.

예로부터 많은 시인들이 사랑을 노래해 왔습니다. 사랑은 우리 삶의 가장 소중하고 가치 있는 주제이기 때문입니다. 그런 이유로 시를 선별하는 데 있어 사랑을 노래한 시를 많이 담았습니다. 세상에서 가장 아름다운 시는 바로 '사랑'이 아닐까요?

수록된 시들은 사랑과 우정, 희망을 주제로 담고 있는 내용들이 많습니다. 특히 인간의 영원한 주제인 사랑의 내용을 다양하게 담아낸 시들이 많습니다. 지금 그 사랑은 어떤 향기를 품고 있는지, 또 어떤 소리를 내고 있는지 가만히 돌아 볼 일입니다.

아무쪼록 시를 사랑하는 많은 사람들의 가슴에 더욱 더 진한 사랑의 향기가 가득하기를 바랍니다.

옮긴이

차 례

봄은
하얗게
치장을
하고

내 사랑은 빨간 장미꽃

해는 어느덧 저물어 가고 있었다

설야

봄은 하얗게
치장을 하고

꽃이 하고픈 말

하이네

새벽녘 숲에서 꺾은 제비꽃
이른 아침 그대에게 보내 드리리
황혼 무렵 꺾은 장미꽃도
저녁에 그대에게 갖다 드리리

그대는 아는가
낮에는 진실하고
밤에는 사랑해 달라는
그 예쁜 꽃들이 하고픈 말을

하이네(Heine, Heinrich / 독일 / 1797~1856) | 유대인 집안에서 태어났다. 베를린 등지에서 법률을 배웠다. 1831년에 박해를 피하여 파리로 가서 20년 동안 병과 가난과 씨름하다가 그곳에서 숨졌다. '노래의 책', '로만첼로'는 지금도 널리 애송되고 있다. 감상에 곁들여 자조적이고 풍자적인 시작품을 많이 남겼다.

라일락꽃 필 무렵의 노래

휘트먼

라일락꽃 필 무렵의 기쁨을 나에게 노래해 주오
이른 여름의 기념품, 나의 언어와 입술로
아름다운 자연을 노래하게 해 주오.
반겨 주는 표지를 거두어들이오
연못 속에 우는 청개구리는 4월과 5월에
상쾌한 대기를 만들고
벌과 나비, 참새에게 소박한 가락이 있고
푸른 새와 날쌘 제비, 황금빛 날개를 반짝이는 딱따구리도
잊지 않고 찾아왔네.

조용한 아지랑이, 짙은 연기와 안개
물고기가 있는 어렴풋한 호수와 파란 하늘
즐거운 모든 것은 반짝이며, 냇물은 흐르고
단풍나무 숲, 상쾌한 2월의 날들과 설탕 만들기
빛나는 눈과 밤색 가슴의 로빈새는 해 뜰 때에 맑은 노래
해 질 때 또한 노래 부른다네.
사과밭 나무 사이 날아다니며 자기 짝의 둥지 만들고
눈이 녹는 3월, 노란 싹은 버들강아지에 나고
이제는 봄이 온다. 여름이 온다.
이 계절에는 무엇이 있나?

그대, 풀려난 영혼이여, 초조해할 까닭 없는 영혼이여

자, 여기에 더 지체하지 말자.
어서 일어서서 떠나 버리자!
오, 만일 새처럼 날 수만 있다면!
오, 배를 타고 멀리 가 버릴 수 있다면!
오, 영혼이여 그대와 같이 바다 위를 달리는 돛단배처럼
달리고 싶구나.
이 암시, 서고, 푸른 하늘, 풀, 그리고 아침 이슬을 모으며
라일락의 향기, 심장 모양의 검푸른 잎이 있는 관목
순결로 이름난, 섬세하고 파란, 조그만, 산오랑캐꽃
하나만을 위함 아니라, 모두의 분위기를 위해서
내가 사랑하는 수풀을 아름답게 하리라.
새들과 더불어 노래하리라.
회상 속에 돌아오는 라일락꽃 필 무렵의 기쁨의 노래를

휘트먼(Walter Whitman / 미국 / 1819~1892) | 19세기 미국의 시인. 시집 《풀잎》은 종래 전통적 시형을 벗어나, 미국의 적나라한 모습을 찬미했다. 3판에 이르러는 '예언자 시인'으로의 변모를 드러냈다. 산문집 《자선일기 기타》가 유명하다.

봄은 고양이로다

이장희

꽃가루와 같이 부드러운 고양이의 털에
고운 봄의 향기香氣가 어리우도다.

금방울과 같이 호동그란 고양이의 눈에
미친 봄의 불길이 흐르도다.

고요히 다물은 고양이의 입술에
포근한 봄 졸음이 떠돌아라.

날카롭게 쭉 뻗은 고양이의 수염에
푸른 봄의 생기生氣가 뛰놀아라.

이장희(1900~1929) | 섬세한 감각과 심미적인 이미지를 작품에 표출시킨 시인으로 평가받으며 주요 작품으로 '봄은 고양이로다', '하일소경' 등이 있다. 29세에 음독 자살하였다.

돌담에 속삭이는 햇살같이

김영랑

돌담에 속삭이는 햇살같이
풀 아래 웃음 짓는 샘물같이
내 마음 고요히 고운 봄길 위에
오늘 하루 하늘을 우러르고 싶다

새악시 볼에 떠오는 부끄럼같이
시의 가슴에 살포시 젖는 물결같이
보드레한 에메랄드 얇게 흐르는
실비단 하늘을 바라보고 싶다

김영랑(1903~1950) | 본명은 윤식. 1917년 휘문의숙(徽文義塾) 입학. 1919년 3·1 운동 직후 휘문의숙을 중퇴했다. 강진에서 의거하려다 일경에 체포되어 대구형무소에서 6개월간 옥고를 치렀다. 1922년 아오야마 학원 영문과 진학. 1930년 정지용 등과 더불어 박용철 주재의 <시문학> 동인으로 참가했다. 시집으로 <영랑시선>, <영랑시집>, <모란이 피기까지는> 등이 있다.

첫 키스에 대하여

칼릴 지브란

그건 여신에 의해 생명의 즙으로 채워진 잔을
마시는 첫 모금

그건 정신을 속이고 마음을 슬프게 하는 의심과 내면의
자아를 기쁨으로 넘치게 하는 믿음 사이의 경계선

그건 생명의 노래 그 시작이며 관념적인
인간 드라마의 제1막

그건 과거의 낯설음과 미래의 밝음을 묶는 굴레 ; 감정의
침묵과 그 노래 사이의 끈

그건 네 개의 입술이 마음은 왕좌, 사랑은 왕,
성실은 왕관이라고 선언하는 말

그건 산들바람의 섬세하고 예민한 손가락이
안도의 한숨과 달콤한 신음을 하고 있는 장미의 입술을
스치는 부드러운 접촉

그건 사랑하는 이들을 무게와 길이의 세계로부터
꿈과 계시의 세계로 이끄는 신비로운 떨림의 시작

그건 향기로운 두 송이 꽃의 결합 ; 그리고 제3의
영혼의 탄생을 향한 그들 향기의 혼합
첫 눈 마주침이 마음의 들판에 여신이 뿌린 씨와 같다면
첫 키스는 생명의 나뭇가지 끝에 핀 첫 꽃망울

칼릴 지브란(Kahlil Gibran / 레바논 / 1833~1931) | 철학자, 화가, 소설가, 시인으로 레바논의 대표 작가. 저서로는 '예언자', 산문시로는 '폭풍우', '눈물과 웃음의 책' 등이 있다.

첫사랑

시마자키 도손

갓 따 올린 앞 머리카락
사과나무 아래에 보였을 때
앞머리에 찔러 놓은 꽃무늬 빗은
한 송이 꽃이 그러하듯 아름다웠다

하얀 손 정답게 내밀며
빨갛게 익은 사과를 건네주던 그대
연분홍 빛깔의 가을 열매로
난생처음 난 그리움을 배웠다

하염없이 내쉬는 나의 한숨이
그대 머리카락에 가 닿을 적에
한없이 행복에 겨운 사랑의 잔을
그대의 의미로 채워 마셨네

과수원 사과나무 밭 아래로
언제부턴가 생겨난 이 오솔길은
누가 처음 밟아 놓은 자리일까
짐짓 물어 보면 한결 더 그리워진다

시마자키 도손(일본 / 1872~1943) | 본명은 하루키. 메이지 시대 낭만주의 시의 최고봉으로 평가되는 시집 <와카나수>를 간행하여 일류 시인의 위치를 굳혔다. 소설가로도 유명하여 '파계', '동방의 문', '집', '밤이 새기 전' 등을 발표하였다.

희망은 날개를 가지고 있는 것

디킨슨

희망은 날개를 가지고 있는 것
영혼 속에 머무르면서
가사 없는 노래를 부르면서
결코 멈추는 일이란 없다

광풍 속에서 더욱 더 아름답게 들린다.
폭풍우도 괴로워하리라
이 작은 새를 당황케 함으로 해서
많은 사람의 마음을 따뜻하게 했는데

얼어붙을 듯 추운 나라나
멀리 떨어진 바다 근처에서 그 노래를 들었다
그러나 어려움 속에 있으면서 한 번이라도
빵 조각을 구걸하는 일은 하지 않았다

디킨슨(Emily Dickinson / 미국 / 1830~1886) | 매사추세츠 주 시골 변호사의 딸로 출생하였다. 그곳은 청교도의 지방으로서 그녀의 시에도 그 영향이 강하게 나타난다. 일생을 독신으로 지낸 그녀의 시에서는 자연, 사랑, 신 등의 주제를 많이 찾아볼 수 있다.

로도라 꽃

에머슨

5월, 바닷바람이 불어올 때
숲에서 갓 피어난 로도라 꽃을 보았나니
습지의 한구석에서 그 잎 없는 꽃을 무수히 피워
들판과 천천히 흐르는 강물에 기쁨을 주고 있다
웅덩이에 떨어진 보랏빛 꽃잎은
그 예쁜 빛깔로 시커먼 물을 환하게 하였다
여기서는 붉은 새가 한숨 쉬러 와서는
새의 차림을 무색케 하는 그 꽃을 사랑하리라
로도라 꽃이여
혹 세상의 현자들이 네게
왜 그런 아름다움을 땅과 하늘에 낭비하는가 물으면
이렇게 말하라. 만일 눈이 보라고 만들어졌다면
아름다움은 그것 자체가 존재의 이유라고
왜 여기에 피었느냐, 오오 장미의 경쟁자여
나는 그 질문을 할 생각도 없었고 알지도 못했다
다만 단순히 이렇게 생각한다
여기에 나를 생기게 만든 힘이 너를 생겨나게 했을 것이다
라고

에머슨(Emerson, Ralph Waldo / 미국 / 1803~1882) | 시인, 사상가. '초절주의'라는 도덕적 이상주의를 주장하였으며 뛰어난 논문을 많이 발표했다. 시인으로서도 낭만적인 낙천 사상 바탕을 두고 독특한 경지를 개척하였다.

내 그대를 사랑하는지

괴테

내 그대를 사랑하는지
나는 모른다
단 한 번 그대 얼굴 보기만 해도
단 한 번 그대 눈동자 보기만 해도
내 마음은 온갖 괴로움을 벗어날 뿐
내 얼마나 즐거워하는지 하느님이 알 뿐
내 그대를 사랑하는지
나는 모른다

괴테(Johann Wolfgang von Goethe / 독일 / 1749~1832) | 프랑크푸르트 출생. 소설 '젊은 베르테르의 슬픔', 고전 '파우스트'를 완성했다.

사랑의 노래

쉴러

나의 고향은 어디에 있을까요?
나의 고향은 작습니다
이곳에 있다가는 저곳으로 옮겨 갑니다
나의 마음을 함께 안고 갑니다
기쁨과 슬픔을 함께 줍니다
나의 고향은 바로 그대입니다

쉴러(Else Lasker Schuler / 독일 / 1869~1945) | 유태계의 독일 여류 시인. 독일에서의 박해에 못 이겨 예루살렘으로 망명, 그곳에서 일생을 마쳤다.

꽃처럼 저버린 사람

바이런

오, 그 아름다움 한창 피어날 때
저버린 그대
잠든 그대 위엔 묘석일랑
놓지 못하게 하리라

그대를 덮은 잔디 위엔
오직 장미를 심어
봄이면 새싹 트게 하고
야생 실버들나무 수심 어려
휘청거리게 하리라

때로는 또 저기
푸르게 흐르는 시냇가에
슬픔의 여신 찾아와
고개 숙이며 갖가지 꿈으로
깊은 생각에 잠기게 하고

혹은 머뭇거리고
혹은 사뿐히 걸음 옮기게 할지니
상냥한, 가엾은 그대여!
혹시나 그 발걸음이
고이 잠든 그대를
깨울까 하노라

바이런(George Gordon Byron / 영국 / 1788~1824) | 영국의 유명한 낭만파 시인으로 영웅주의적, 자유주의적, 정열적인 애정시를 썼다. '어느 날 아침 눈을 떠 보니 갑자기 유명해졌다'는 그의 말은 유명한 일화로 남아 있다. 시집 <차일드 해럴드의 편력>, <돈주안>, <만프렛> 등이 있다.

봄

윤동주

봄이 혈관 속에 시내처럼 흘러
돌, 돌, 시내 가차운 언덕에
개나리, 진달래, 노오란 배추꽃

삼동을 참아온 나는
풀포기처럼 피어난다

즐거운 종달새야
어느 이랑에서 즐거웁게 솟쳐라

푸르른 하늘은
아른아른 높기도 한데……

윤동주(1917~1945) | 북간도 출생. 1929년 등사판 문예지 <새 명동> 간행. 1943년 독립운동 사상범으로 체포. 1944년 2년형 언도, 후쿠오카 형무소 수감. 1945년 2월 16일 사망. 1948년 유고시집 <하늘과 바람과 별과 시>가 출간되면서 세상에 알려졌다.

봄은 하얗게 치장을 하고

브리지스

봄은 하얗게 치장을 하고
우윳빛 새하얀 관을 쓰고 있다.
흰 구름은 부드럽고 환하게 빛나는
양떼처럼 하늘을 떠돌고 있다

하늘에는 흰 나비가 춤추고
하얀 데이지 꽃이 대지를 수놓는다
벚꽃과 서리같이 하얀 배꽃은
눈처럼 꽃잎을 뿌리고 있다

브리지스(Bridges, Robert / 영국 / 1844~1940) | 영국 켄트 두 도버 근처의 명문에서 태어났다. 알프레드 오틴의 뒤를 이어 계관 시인이 되었다. 해박한 학식과 언어의 음악미에 대한 날카로운 감각으로 자연과 인생의 사랑과 미를 추구하였다. <단시집(短詩集)> 외에 극시 '불을 준 프로메테우스'가 있고, 죽기 직전에 발표한 철학적 장시 '미의 유언'이 있다.

5월의 노래

괴테

밀밭과 옥수수밭 사이로
가시나무 울타리 사이로
수풀 사이로

나의 사랑은 어딜 가시나요
말해줘요

사랑하는 소녀
집에서 찾지 못해
그러면 밖에 나간 게 틀림없네

아름답고 사랑스런
꽃이 피는 오월에
사랑하는 소녀 마음 들떠 있네
자유와 기쁨으로

시냇가 바위 옆에서
그 소녀는 첫 키스를 하였네
풀밭 위에서 내게

뭔가 보인다
그 소녀일까

괴테(Johann Wolfgang von Goethe / 독일 / 1749~1832) | 프랑크푸르트 출생. 소설 '젊은 베르테르의 슬픔', 고전 '파우스트'를 완성했다.

이른 봄

톨스토이

이른 봄
풀은 겨우 고개를 내밀고
시냇물과 햇빛은 약하게 흐르고
숲의 초록색은 투명하다

아직 목동의 피리 소리는 아침마다
울려 퍼지지 않고
숲의 작은 고사리도
아직은 잎을 돌돌 말고 있다

이른 봄
자작나무 아래서
미소를 머금은 채 눈을 내리깔고
내 앞에 너는 서 있었다

내 사랑에게 보내는 응답으로
살며시 눈을 내리깔았던 너

생명이여! 숲이여! 햇빛이여!
오오, 청춘이여! 꿈이여!

사랑스런 네 얼굴을 보며
나는 울었노라

이른 봄
자작나무 아래서

그것은 우리 생애의 이른 봄
가슴 가득한 행복! 그 넘치는 눈물!

숲이여! 생명이여! 햇빛이여!
자작나무 잎의 연푸른 화사함이여!

톨스토이(Leo Tolstoy | Lev Nikolayevich Tolstoy / 러시아 / 1828~1910) | 남러시아 툴라 근처의 야스나야 폴랴나에서 출생. 도스토옙스키와 함께 19세기 러시아 문학을 대표하는 세계적 문호임과 동시에 문명비평가, 사상가로서도 위대한 인물. 저서로는 '전쟁과 평화', '안나 카레니나', '참회록' 등 수많은 작품이 있고, 러시아 정교회에 속하지 않는 성령부정파교도(聖靈否定派敎徒)와 친교가 있어 4,000명에 달하는 이 교도들을 미국에 이주시키기 위한 자금을 조달할 목적으로 장편소설을 발표하였는데, 그것이 유명한 '부활'이다.

소녀의 자화상

데샹

나는 나는 정말로 어여쁜가 봐?

이마는 환하고 얼굴은 곱고
입술은 연분홍 빛이라고
스스로 그렇게 생각하는데
내가 정말 어여쁜지 말해 주세요

내 눈은 에메랄드, 가느란 눈썹
금발의 머리카락, 오뚝 선 콧날
희디 흰 목덜미, 토실토실한 턱
나는 나는 정말로 어여쁜가 봐?

데샹(Eustache Deschamps / 1346~1406) | 샤를 5세의 시절로 유럽 각지를 여행. 백년전쟁기의 비참한 현실을 묘사했다. 그의 저서 '시문의 길'은 프랑스어로 쓰인 최초의 시론이다.

고백

윤곤강

꽃가루처럼
보드러운 숨결이로다!

그 숨결에
시들은 내 가슴의 꽃동산에도
화려한 봄 향내가
아지랑이처럼 어리우도다

금방울처럼
호동그란 눈알이로다!

그 눈알에
굶주린 내 청춘의 황금 촛불이
유황처럼 활활 타오르도다

얼싸안고
몸부림이라도 쳐볼까
하늘보다도 높고
바다보다도 더 넓은 기쁨

오오!
하늘로 솟을까 보다!
땅 속으로 숨을까 보다!
주정꾼처럼, 미친 놈처럼

윤곤강(1911~1949) | 충남 서산 출생. 본명은 명원(明遠). 일제 치하의 암흑과 불안, 절망을 노래하는 퇴폐적 시와 풍자적인 시를 썼다. 해방 후엔 전통적 정서에 대한 애착과 탐구의 경향을 띠기도 했다. 보성중학, 중앙대학 교수 역임. 시집으로 <대지>, <만가>, <동물시집>, <피리> 등이 있다.

아름다운 것을 사랑한다

브리지스

내, 모든 아름다운 것을 좋아하여
그것을 찾으며 또한 숭배하느니
그보다 더 찬미할 게 무엇이랴

사람은 바쁜 나날 속에서도
아름다움으로 인하여 영예로운 것
나 또한 무엇인가를 창조하여
아름다움의 창조를 즐기려 한다

그 아름다움이 비록 내일 오게 되어
기억에만 남아 있는
한낱 꿈속의 빈말 같다고 해도

브리지스(Bridges, Robert / 영국 / 1844~1940) | 영국 켄트 두 도버 근처의 명문에서 태어났다. 알프레드 오틴의 뒤를 이어 계관 시인이 되었다. 해박한 학식과 언어의 음악미에 대한 날카로운 감각으로 자연과 인생의 사랑과 미를 추구하였다. <단시집(短詩集)> 외에 극시 '불을 준 프로메테우스'가 있고, 죽기 직전에 발표한 철학적 장시 '미의 유언'이 있다.

내가 만일 애타는 한 가슴을

디킨슨

내가 만일 애타는 한 가슴을 달랠 수 있다면
내 삶은 헛되지 않으리라
내가 만일 한 생명의 고통을 덜어 주거나
한 괴로움을 달래 주거나
또는 힘겨워하는 한 마리의 로빈새를 도와서
보금자리로 돌아가게 해 줄 수 있다면
내 삶은 정녕 헛되지 않으리라

디킨슨(Emily Dickinson / 미국 / 1830~1886) | 매사추세츠 주 시골 변호사의 딸로 출생하였다. 그곳은 청교도의 지방으로서 그녀의 시에도 그 영향이 강하게 나타난다. 일생을 독신으로 지낸 그녀의 시에서는 자연, 사랑, 신들의 주제를 많이 찾아볼 수 있다.

생일

로세티

내 마음은 샘물가에서
물 오른 가지에 앉아 노래하는 새
내 마음은 주렁주렁 맺힌 열매로
휘늘어진 사과나무
내 마음은 바다 속에서
헤엄치며 노니는 무지개 빛 조개
내 마음은 이 모든 것보다 더 기뻐요
내 사랑이 나를 찾아왔으니까요

비단과 털 솜으로 꾸미고
가죽과 자줏빛 물감으로 치장해 주세요
비둘기와 석류를 예쁘게 수놓고
눈 많은 공작도 아로새기고
금빛 은빛 포도송이와
나뭇잎과 붓끝으로 수놓아 주세요
내 생애의 생일이 왔으니까요
내 사랑이 나를 찾아왔으니까요

로세티(Christina Rossetti / 영국 / 1830~1894) | 영국의 화가이자 시인인 가브리엘 로세티의 누이동생으로 일생을 독신으로 살며 많은 시를 썼는데, 영원한 안식을 희구, 허무와 죽음을 소재로 한 것이 많다.

그대는 울고

바이런

그대 우는 걸 나는 보았네
반짝이는 눈물방울이
그 푸른 눈에 맺히는 것을
제비꽃에 앉았다 떨어지는
맑은 이슬방울처럼
그대 방긋이 웃는 걸 나는 보았네
푸른 구슬의 반짝임도
그대 곁에선 빛을 잃고 말 것을
그대의 반짝이는 눈동자
그 속에 담긴 생생한 빛
따를 바 없어라

구름이 저 먼 태양으로부터
깊고도 풍요로운 노을을 받을 때
다가오는 저녁 그림자
그 아름다운 빛을
하늘에서 씻어 낼 수 없듯이
그대의 미소는
우울한 이내 마음에
맑고 깨끗한 기쁨을 주고
그 태양 같은 빛은
타오르는 불꽃같이
내 가슴 속에 찬연히 빛나네

바이런(George Gordon Byron / 영국 / 1788~1824) | 영국의 유명한 낭만파 시인으로 영웅주의적, 자유주의적, 정열적인 애정시를 썼다. '어느 날 아침 눈을 떠 보니 갑자기 유명해졌다'는 그의 말은 유명한 일화로 남아 있다. 시집 <차일드 해럴드의 편력>, <돈주안>, <만프렛> 등이 있다.

풀

남궁벽

풀, 여름 풀
요요기들의
이슬에 젖은 너를
지금 내가 맨발로 삽붓삽붓 밟는다
여인의 입술에 입맞추는 마음으로
참으로 너는 땅의 입술이 아니냐

그러나 네가 이것을 야속다 하면
그러면 이렇게 하자 —
내가 죽으면 흙이 되마
그래서 네 뿌리 밑에 가서
너를 북돋워 주마꾸나

그래도 야속다 하면
그러면 이렇게 하자 —
네나 내나 우리는
불사不死의 둘레를 돌아다니는 중생이다
그 영원의 역정歷程에서 맞닥드려 만날 때에
마치 너는 내가 되고
나는 네가 될 때에
지금 내가 너를 삽붓 밟고 있는 것처럼
너도 나를 삽붓 밟아 주려무나

남궁벽(1895~1922) | 평안북도 함열 출생. 한성고등보통학교를 졸업하고 일본 도쿄에서 수학했다. 오산중학 교사를 지냈다. 작품으로는 시 '대지의 찬(讚)', '별의 아픔', '자아의 존귀', '말' 등과, 일기체의 산문 '오산편신'이 있다. 그의 시는 낭만성이 짙게 드리워진 세기말적인 시풍을 보이며, 자연에의 친화력을 드러내고 있다.

내 사랑은
빨간 장미꽃

카스타에게

베케르

그대 한숨은 꽃잎의 한숨
그대 목소리는 백조의 노래
그대 눈빛은 해님의 빛남
그대 살결은 장미의 그것
사랑을 버린 내 마음에
그대는 생명과 희망을 주었고
사막에 자라는 한 송이 꽃과 같이
내 생명의 광야에 살고 있는 그대

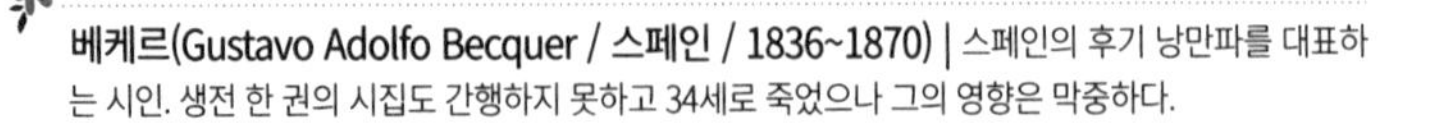

베케르(Gustavo Adolfo Becquer / 스페인 / 1836~1870) | 스페인의 후기 낭만파를 대표하는 시인. 생전 한 권의 시집도 간행하지 못하고 34세로 죽었으나 그의 영향은 막중하다.

어디로

박용철

내 마음은 어디로 가야 옳으리까.
쉬임없이 궂은비는 내려오고
지나간 날 괴로움의 쓰린 기억
내게 어둔 구름 되어 덮이는데

바라지 않으리라던 새론 희망
생각지 않으리라던 그대 생각
번개같이 어둠을 깨친다마는
그대는 닿을 길 없이 높은 데 계시오니

아― 내 마음은 어디로 가야 옳으리까.

박용철(1904~1938) | 잡지 《시문학》을 창간한 시인. 대표작에는 '떠나가는 배', '밤 차에 그대를 보내고' 등이 있으며 시와 희곡들을 번역하였다. 또한 비평가로서 활약하기도 하였다.

무지개

로세티

보트는 강에 떠 있고
배는 바다에 떠 있지만
하늘에 떠 있는 저 구름은
그것들보다 더 아름답다

강 위에 놓여진 다리는
아주 멋지고 아름답지만
하늘 높이 다리를 이루고
나무들 위에 우뚝 솟아
하늘과 땅에 걸린 무지개는
그것보다 더 아름답다

로세티(Christina Rossetti / 영국 / 1830~1894) | 여류 시인. 경건한 가톨릭 신자로서 진지한 서정시가 많다. 따뜻한 감정, 세련된 용어, 아름다운 운율이 특색이며, 영국 여류 시인 중 제일인자이다.

사랑하는 사람이여

롱펠로

사랑하는 사람이여, 편히 쉬세요.
그대를 지키러 나 여기에 왔습니다
그대 곁이라면
그대 곁이라면
혼자 있어도 나는 기쁩니다

그대 눈동자는 아침의 샛별
그대 입술은 한 송이 빨간 꽃
사랑하는 사람이여, 편히 쉬세요
내가 싫어하는 시계가
시간을 헤아리고 있는 동안에

롱펠로(Longfellow Wadsworth / 미국 / 1807~1882) | 하버드 대학의 근세어 교수로 18년 동안 강의했다. <밤의 솔리>, <민요시집>, <노예의 노래> 등 서정 시집 외에 '에반젤린', '마일즈 스탠디스의 구혼' 등 수많은 담시를 발표하였다. <신곡> 번역도 명역으로 알려져 있다.

감각

랭보

푸른 여름 저녁 오솔길에 가리
보라 향기에 취하여 풀을 밟으면
꿈꾸듯 발걸음은 가볍고
머리는 부는 바람에 시원하리

아무 말 없이 아무 생각 없이
한없는 사랑을 가슴에 가득 안고
방랑객처럼 나는 멀리 멀리 가리
연인과 함께 가듯 자연 속을 기꺼이 가리

랭보(Rimbaud, Jean-Arthur / 프랑스 / 1854~1891) | 17세 때부터 천재로서 이름을 날림. 시집 <일루미사숑>, <지옥의 계절> 등이 있다.

아름다운 아가씨들이

단테

성자의 축제날 아름다운 아가씨들이
바로 내 곁에 지나갔습니다.
맨 처음 아가씨가 내 곁을 스칠 때
사랑은 우리를 마주 보게 하였습니다

타오르는 불꽃의 정령인 양
그 아가씨 눈은 아름답게 빛났고
내 마음에는 뜨거운 불길이 타올라
천사의 모습을 바라보는 듯했습니다
그 해맑고 순수한 아가씨의 눈에서 넘쳐흐르는
사랑의 속삭임을 보는 사람의 마음속에는
끝없는 행복이 넘치게 마련입니다

아아, 아름다운 아가씨는
우리에게 행복을 일깨워 주기 위해
천국에서 온 것이라 생각될 만큼
아가씨를 보기만 해도 행복해집니다

단테(Dante, Alighieri / 이탈리아 / 1265~1321) | 세계 4대 시성(詩聖) 중의 한 사람. 이탈리아의 피렌체에서 태어났다. 시집 <신생>, 종교 서사시 <신곡>이 있으며, 평론 '향연', '제정론' 등이 있다.

6월이 되면

브리지스

6월이 되면
나는 향 좋은 건초덤불 속에서
사랑하는 사람과 함께
흰 구름이 지어 놓은 넓고 큰 집
눈부신 궁전을 바라보련다

그녀는 노래 부르고 나는 노래 지어 주고
아름다운 시를 온종일 노래하련다
우리 둘이 남몰래 건초 덤불 속에 누워 있을 때
인생은 즐거워라
6월이 되면

브리지스(Bridges, Robert / 영국 / 1844~1940) | 영국 켄트 두 도버 근처의 명문에서 태어났다. 알프레드 오틴의 뒤를 이어 계관 시인이 되었다. 해박한 학식과 언어의 음악미에 대한 날카로운 감각으로 자연과 인생의 사랑과 미를 추구하였다. <단시집(短詩集)> 외에 극시 '불을 준 프로메테우스'가 있고, 죽기 직전에 발표한 철학적 장시 '미의 유언'이 있다.

나무들

킬머

나무처럼 사랑스러운 시를 결코
볼 수 없으리라고 나는 생각한다
단물 흐르는 대지의 젖가슴에
굶주린 입술을 대고 있는 나무
하루 종일 잎새 무성한 팔을 들어
하느님께 기도 올리는 나무

여름날이면 자신의 머리카락에다가
방울새의 보금자리를 틀어 주는 나무
가슴에 눈을 쌓기도 하고
비하고도 다정하게 사는 나무
나 같은 바보도 시를 짓지만
나무를 만드시는 분은 오직 하느님

킬머(Kilmer Jorce / 미국 / 1886~1918) | 시인, 저널리스트. 제1차 세계대전 때 사병으로 입대하여 프랑스 전선에서 전사하였다.

나는 그대를 사랑했다오

푸시킨

나는 그대를 사랑했다오
그 사랑은 나의 영혼 속에서
여전히 불타고 있으리라

하지만 나의 사랑은
이젠 그대를 괴롭히지 않을 것이오
슬프게 하고 싶지 않다오
희망도 없이 침묵으로
난 그대를 사랑했다오

때로는 두려움으로, 때로는 질투로
가슴 조이며
신이 그대로 하여금 누군가의 사랑을
받게 만든 그대로
나는 진심으로 묵묵히
그대를 사랑했다오

푸시킨(Pushkin, Aleksandr Sergeevich, 러시아 / 1799~1837) | 모스크바 출생, 러시아 국민적 시인으로 추앙받고 있다. 생애의 마지막 시기에는 산문소설 '스페이드의 여왕', '대위의 딸'이 있다. 19세기 러시아 리얼리즘 문학의 초석을 쌓았다. 마지막 서사시 '청동의 기사'에서는 전제적 국가권력과 개인과의 대립 모순을 조명하고, 제정 러시아의 역사적 숙명을 제시하였다.

청포도

이육사

내 고장 칠월은
청포도가 익어 가는 시절

이 마을 전설이 주저리 주저리 열리고
먼 데 하늘이 꿈꾸며 알알이 들어와 박혀

하늘 밑 푸른 바다가 가슴을 열고
흰 돛단배가 곱게 밀려서 오면

내가 바라는 손님은 고달픈 몸으로
청포를 입고 찾아온다고 했으니

내 그를 맞아 이 포도를 따 먹으면
두 손은 함뿍 적셔도 좋으련

아이야 우리 식탁엔 은쟁반에
하이얀 모시 수건을 마련해 두렴

이육사(1904~1944) | 의열단 가입, 독립운동 전개. 조선은행 대구지점 폭파사건에 연루되어 3년간 옥고를 치름. 시 '혼'을 <신조선>에 발표 시작 활동함. 신석초·윤곤강·김광균 등과 동인지 <자오선> 발간. 1942년 중국 북경에서 독립운동혐의로 피체, 북경 감옥에서 옥사. 저서로는 '황혼의 서'가 있다.

옛날과 지금

후드

나는 생각한다, 내가 태어난
그 집을 생각하노니
아침이 되면 햇살이
살짝 엿보던 작은 창
그 윙크는 너무 빠르지도 않았고
또한 너무 길었던 적도 없었다
그러나 지금에는 밤의 숨결을
멈추어 주었으면 하고 바라곤 한다

나는 생각한다, 붉은색과 흰색의
그 장미를 생각하노니
그리고 제비꽃과 백합화
빛으로 빚어진 그 꽃들을 생각한다
로빈 새 둥지 짓는 라일락 떨기 속
내 동생이 제 생일에
금련화 심은 그곳을 생각하노니
그 나무는 지금도 남아 있다

나는 생각한다, 언제나 그네 뛰던
그곳을 생각하노니
그네 뛰며 나는 늘 하늘을 나는 제비도

이처럼 시원한 바람을 느끼리라 생각했다
그 시절 내 마음은 가벼웠으나
지금의 내 마음은 무겁기만 하여
여름날의 풀장도 나의 흥분을
깨우쳐 줄 수는 없다

나는 생각한다, 검고 높다란
전나무를 생각하노니
그 가느다란 가지는 하늘 끝까지
뻗었으리라고 항상 나는 생각했다
그것은 철없는 어린아이의 생각이었으나
지금에는 기쁨이란 거의 없나니
아이였던 때보다 천국으로부터
아주 멀리 떨어져 있음을 나는 알기 때문이다

후드(Thomas Hood / 영국 / 1799~1845) | '셔츠의 노래'(1843), '탄식의 다리'(1846)의 작자로 유명하다. 소설도 썼으나 키츠의 영향을 받은 시가 높이 평가되고 있다.

너는 한 송이 꽃과 같이

하이네

그대 한 송이 꽃처럼
귀엽고 아름답고 깨끗하구나
네 모습 바라보면
우수에 젖는 내 마음

그대 머리 위로 손을 모아
기도하고 싶은 마음
하느님이 언제나 지켜 주시길
깨끗하고 아름답고 귀엽게

하이네(Heine, Heinrich / 독일 / 1797~1856) | 유대인 집안에서 태어났다. 베를린 등지에서 법률을 배웠다. 1831년에 박해를 피하여 파리로 가서 20년 동안 병과 가난과 씨름하다가 그곳에서 숨졌다. '노래의 책', '로만첼로'는 지금도 널리 애송되고 있다. 감상에 곁들여 자조적이고 풍자적인 시작품을 많이 남겼다.

내 사랑은 빨간 장미꽃

번스

오, 내 사랑은 빨갛게 활짝 피어난
유월의 장미꽃
내 사랑은 고운 노랫소리
멜로디 따라 흐르는 노랫소리예요

그대 진실로 아름다워
이토록 애타게 사랑해요
바닷물이 다 말라 버릴 때까지
내 사랑은 한결 같아요

바닷물이 다 말라 버릴 때까지
바위가 햇빛에 스러질 때까지
내 살아 있는 날까지
내 사랑은 한결 같아요

안녕, 내 사랑이여
우리 잠시 헤어져
천 리 만 리 떨어져 있더라도
난 다시 돌아올 거예요

번스(Robert Bums / 영국 / 1759~1796) | 스코틀랜드의 농가 출생인 그는 농장 노동을 하며 소박하고 정열적인 민요풍의 연애시를 많이 남긴 18세기 낭만파 선구 시인이다. 시집 <스코틀랜드 가곡집>, <샨터의 탬> 등이 있다.

나 죽거든

로세티

나 죽거든 님이시여
나를 위해 슬픈 노래는 부르지 마세요
내 머리맡에는 장미도
그늘진 키프로스 나무도 심지 마세요

비에 젖고 이슬 맺힌
푸른 풀로만 나를 덮어 주세요
그리고 당신의 뜻대로 기억하시고
당신의 뜻대로 잊어 주세요

나는 나무 그림자도 못 보고
빗방울도 못 느끼겠죠
괴로워 울어대는 밤 꾀꼬리의 노래도
이제는 듣지 못할 거예요

그리고 물들지도 지지도 않는
황혼 속에서 꿈꾸며
나는 당신을 생각할 거예요
아니, 어쩌면 잊을지도 모르죠

로세티(Christina Rossetti / 영국 / 1830~1894) | 여류 시인. 경건한 가톨릭 신자로서 진지한 서정시가 많다. 따뜻한 감정, 세련된 용어, 아름다운 운율이 특색이며, 영국 여류 시인 중 제일인자이다.

마리에게 보내는 소네트

롱사르

한 다발 엮어서
보내는 이 꽃송이들
지금은 한껏 피어났지만
내일은 덧없이 지리

그대여 잊지 말아요
꽃처럼 어여쁜 그대도
세월이 지나면 시들고
덧없이 지리, 꽃처럼

세월이 간다, 세월이 간다
우리도 간다, 흘러서 간다
세월은 가고 흙 속에 묻힌다

애끓는 사랑도 죽은 다음에는
속삭일 사람이 없어지리니
사랑하기로 해요, 나의 꽃 그대여

롱사르(Pierre de Ronsard / 프랑스 / 1524~1585) | 프랑스 시의 형태를 개혁한 공로가 크며 <오드집>, <애가·가면무두가·목가집> 등의 시집을 남겼다.

내 사랑은

도를레앙

내 사랑은
장미꽃과 은방울꽃
그리고 접시꽃도 피어나는
아담하고 예쁜 정원 안에 있습니다

아담한 정원은 즐겁고
온갖 꽃이 다 있지요
그것을 연인인 내가
밤낮으로 지킵니다

새벽마다 슬프게
노래하는 나이팅게일 새의
달콤한 꿈을 보아요
지치면 그는 쉰답니다

어느 날은 그녀가 푸른 목장에서
바이올렛 꽃을 따는 것을 보았어요
순간이었지만
나는 그만 그녀의 아름다움에 빠져 버렸어요

나는 그녀의 모습을 그립니다
우유처럼 뽀얗고
어린 양처럼 부드럽고
장미처럼 붉은 그녀의 모습을

도롤레앙(Charles Dorleans / 프랑스 / 1394~1465) | 우수에 찬 궁정풍의 연애를 노래한 고대 프랑스 음유시인의 전통을 마지막으로 장식했다. 작품으로 '옥무의 노래'가 있다.

전화

프로스트

오늘 이곳을 떠나 먼 데까지 걸어 보았어요
아주 고요한 시간이 흐르더군요

꽃에 머리를 대 봤더니
당신의 목소리가 들렸어요
정말이에요, 당신의 목소리를 들었어요
당신은 창가에 있는 꽃에게 말했지요
뭐라고 했는지 기억하세요?

당신이 무슨 말을 들었는지
먼저 말해 보세요

그 꽃을 발견하고 벌을 쫓았어요.
그리고는 가만히 머리를 댔지요.
꽃줄기를 붙들고 귀를 기울이면서 나는
어떤 말이 들린다고 생각했어요

그게 뭐였죠? 내 이름을 부르셨나요? 아니면
누군가 '와요' 하고 말했어요.
나는 고개를 숙이고 들었어요
마음속으로 그랬는지 모르지만 말은 하지 않았는데요

하여간 그래서 제가 왔어요

프로스트(Frost, Robert Lee / 미국 / 1875~1963) | 뉴잉글랜드 지방 특히 뉴햄프셔의 자연을 쉽고도 맑은 언어로 그려내는 데 특출했다. 시집 <소년의 의지>, <보스턴의 북쪽>, <뉴햄프셔> 등이 있고, 극시 '은총의 가면극'이 있다.

미아 나의 사랑

다리오

미아 그대 이름
아름답다
미아 태양 빛
마이 장미와 불꽃

그대 영혼 위에
향기를 보내니
그댄 날 사랑해
오오 미아 오오 미아

여성인 그대와
남성인 나를 녹여
그대는 두 개의 동상을 만든다

외로운 그대 외로운 나
목숨이 있는 한
미아 나의 사랑

다리오(Ruben Dario / 니카라과 / 1867~1916) | 스페인과 라틴아메리카의 근대시 성립에 공헌. 생애의 대부분을 외국에서 살면서 날카로운 감각과 우아한 선을 그리고 치밀한 문체로 인기를 차지했다. 대표작으로 '생명과 희망의 노래'가 있다.

소녀

에즈라 파운드

나무가 내 손으로 들어오니
수액樹液이 내 팔로 올라왔네

나무가 내 가슴속에서
아래를 향해 자라니

가지들이 나에게서 뻗어 나오네
두 팔처럼

너는 나무
너는 이끼

바람이 그 위를 스쳐가는
오랑캐꽃들. 너는
너는 어린이 — 그렇게도 키가 큰 —

세상 사람들에겐 이 모든 것들이
어리석어 보이겠지만

에즈라 파운드(Ezra Pound / 미국 / 1885~ 1972) | 시인·문예 비평가이다. 20세기 영미시에 끼친 영향으로 '시인의 시인'으로 불렸다. 그는 모더니즘 운동, 특히 이미지즘(Imagism)과 보르티시즘(Vorticism)을 추진한 원동력이었다. '휴 셀윈 모벌리'는 20세기에 가장 찬사를 받은 시 가운데 하나로 평가된다.

내 마음을 아실 이

김영랑

내 마음을 아실 이
내 혼자 마음 날같이 아실 이
그래도 어디나 계실 것이면

내 마음에 때때로 어리우는 티끌과
속임 없는 눈물의 간곡한 방울방울
푸른 밤 고이 맺은 이슬 같은 보람을
보밴 듯 감추었다 내어 드리지

아! 그립다
내 혼자 마음 날같이 아실 이
꿈에나 아득히 보이는가

향 맑은 옥돌에 불이 달아
사랑은 타기도 하오련만
불빛에 연긴 듯 희미론 마음은
사랑도 모르리 내 혼자 마음은

김영랑(1903~1950) | 본명은 윤식. 1917년 휘문의숙(徽文義塾) 입학. 1919년 3·1 운동 직후 휘문의숙을 중퇴했다. 강진에서 의거하려다 일경에 체포되어 대구형무소에서 6개월간 옥고를 치렀다. 1922년 아오야마 학원 영문과 진학. 1930년 정지용 등과 더불어 박용철 주재의 <시문학> 동인으로 참가했다. 시집으로 <영랑시선>, <영랑시집>, <모란이 피기까지는> 등이 있다.

순박한 아내를 위한 기도

프란시스 잠

주여, 내 아내감이 될 여인은
겸손하고 온화하며, 정다운 친구가 될 사람으로 해 주소서

우리 잠잘 때에는 서로 손 맞잡고 잠들도록 해 주소서

메달이 달린 은목걸이를 그녀 가슴 사이에
보일 듯 말 듯 목에 걸도록 해 주소서

그녀의 살갗은 늦여름, 조는 듯한 자두보다
한결 매끄럽고 상냥하며 보다 더한 금빛으로 빛나게 해
주소서

그녀의 마음속에는 부드러운 순결이 간직되어
서로 포옹하며 말없이 미소짓도록 해 주소서

그녀는 튼튼하여 꿀벌이 잠자는 꽃을 돌보듯
내 영혼을 돌보도록 해 주소서

그리하여 내 죽는 날 그녀는 내 눈을 감기고
내 침대를 움켜 잡고
흐느낌에 가슴 메이게 하며
무릎을 꿇는 그 밖의 어떤 기도도
내게 주지 않도록 해 주소서

프란시스 잠(Francis Jammes / 프랑스 / 1868 1938) | 잠은 프랑스의 오트 피레네에서 태어자 중학과정을 마친 후 한 공증인 사무실에서 일한 것 이외에는 거의 평생을 시골에서 묻혀 살았고 엘레지(悲歌) 시인으로 유명하다. 시집으로는 <아침 종에서 만종까지>, <앵초의 슬픔>, <생명의 승리>, <기독교 농경시> 등이 있다.

오네요! 아련한 피리 소리

빅토르 위고

오네요! 아련한 피리 소리
과수원에서 들려와요.
한없이 고요한 노래
목동의 노래

바람이 지나가요, 떡갈나무 그늘
연못 어두운 거울에
한없이 즐거운 노래
새들의 노래

괴로워 말아요, 어떤 근심에도
우리 사랑할지니, 영원히!
가장 매혹적인 노래
사랑의 노래!

빅토르 위고(Hugo, Victor / 프랑스 / 1802~1885) | 낭만주의의 대가. 1822년에 처녀 시집을 발표한 뒤 한평생 시를 쓴 국민적 대시인, 희곡 '에르나니'를 공연하여 낭만주의의 승리를 가져 왔고, 소설 '노트르담의 꼽추', '레미제라블' 등으로 낭만주의를 확립시켰다.

가을날

헤르만 헤세

숲 속의 나뭇가지 금빛에 타오르는
내 사랑스런 그이와
몇 번이나 거닐던 길을
이렇게 나 홀로 거닌다

내가 영원히 간직하던
행복과 번민이
이토록 즐거운 가을날에
향기로운 저편 멀리 사라져 간다

풀잎 타는 연기 속
동네 아이들 노닥이는
나는 그곳에서 노래 부른다
아이들과 선율을 맞추면서

헤르만 헤세(Hesse, Hermann / 독일 / 1877~1962) | 현대 신로맨티즘 문학의 완성자. 1차 대전 당시 평화를 주장하여 완전히 고립되기도 했다. 1946년에 노벨문학상을 수상했다.

당신이 날 사랑해야 한다면

로버트 브라우닝

당신이 날 사랑해야 한다면 오로지
사랑을 위해서만 사랑해 주세요

'난 저 여자를 사랑해
미소 때문에 예쁘기 때문에
부드러운 말씨 때문에
나와 꼭 어울리기 때문에
어느 날 즐거움을 주었기 때문에'라고
말하지 마세요.
그러한 것은 그 자체가 변하거나
당신으로 하여금 변할 테니까요
그처럼 짜여진 사랑은 그처럼 풀려 버릴 거예요

내 뺨의 눈물을 닦아 주는 당신의 사랑 어린 연민으로
날 사랑하진 마세요
당신의 위로를 오래 받았던 사람은 울기를 잊어버려
당신의 사랑을 잃을지도 모르니까요
오로지 사랑을 위해 날 사랑해 주세요
그래서 언제까지나
당신이 사랑할 수 있게
영원한 사랑을 위해

로버트 브라우닝(Browning, Robert / 영국 / 1812~1889) | 런던 대학에 다니면서 바이런 및 셸리에게 사숙하여 스물한 살 때 처녀 시집을 출판하였다. 시에 '극적 독백'의 형식을 도입하여 성공하였다. 시집으로 <방울과 석류>, <남자와 여자>, <반지와 책> 등이 있다.

가을의 유서

얀 네루다

가을엔 유서를 쓰리라
낙엽 되어 버린 내 시작 노트 위에
마지막 눈 감은 새의
흰 눈꺼풀 위에
혼이 빠져나간 곤충의 껍질 위에
한 장의 유서를 쓰리라

차가운 물고기의 내장과
갑자기 쌀쌀해진 애인의 목소리 위에
하룻밤 새 하얗게 들어서 버린 양치식물 위에
나 유서를 쓰리라

파종된 채 아직 땅 속에 묻혀 있는
몇 개의 둥근 씨앗들과
모래 속으로 가라앉은 바닷가의
고독한 시체 위에
앞일을 걱정하며
한숨짓는 이마 위에
가을엔 한 장의 유서를 쓰리라

가장 먼 곳에서
상처처럼 떨어지는 별똥별과
내 허약한 폐에 못을 박듯이 내리는 가을비와
가난한 자가 먹다 남긴 빵 껍질 위에
지켜지지 못한 채 낯선 정류장에 머물러 있는
살아 있는 자들과의 약속 위에
한 장의 유서를 쓰리라

가을이 오면 내 애인은
내 시에 등장하는 곤충과 나비들에게
이불을 덮어주고
큰곰별자리에 둘러싸여 내 유서를
소리 내어 읽으리라

얀 네루다(Neruda, Jan / 체코 / 1834~1891) | 프라하의 하층계급 출신으로, 가난과 싸우면서 프라하 대학교를 졸업하고 신문기자가 되었다. 1850년대 말부터 문학 활동에 전심, 정열적인 애국자·민주주의자로서 사실주의적 국민문학의 창시자의 한 사람이 되었다. 처녀시집 <묘지의 꽃>을 비롯하여 <우주의 노래>, <발라드와 로맨스>, <성(聖) 금요일의 노래> 등을 써서 낭만주의적 서정 속에서 민족해방을 호소했다.

떠나가는 배

박용철

나두야 간다
나의 이 젊은 나이를
눈물로야 보낼 거냐
나두야 가련다

아늑한 이 항군들 손쉽게야 버릴 거냐
안개같이 물 어린 눈에도 비치나니
골짜기마다 발에 익은 묏부리모양
주름살도 눈에 익은 아, 사랑하던 사람들

버리고 가는 이도 못 잊는 마음
쫓겨가는 마음인들 무어 다를 거냐
돌아다보는 구름에는 바람이 햇살짓는다
앞 대일 언덕인들 마련이나 있을 거냐

나두야 가련다
나의 이 젊은 나이를
눈물로야 보낼 거냐
나두야 간다

박용철(1904~1938) | 잡지 <시문학>을 창간한 시인. 대표작에는 '떠나가는 배', '밤 차에 그대를 보내고' 등이 있으며 시와 희곡들을 번역하였다. 또한 비평가로서 활약하기도 하였다.

돌아오지 않는 옛날

베를렌

추억, 추억이야, 나더러 어떻게 하라는 것인가!
가을은 흐린 하늘에 지빠귀를 날리고
태양은 하늬바람이 부는 황파의 숲에
단조로운 빛을 던지고 있다.

우리는 단둘이서 꿈꾸며 걷고 있었다.
그대와 나, 머리와 마음을 바람에 나부끼고
느닷없이 감동의 시선을 내게 던지며
시원한 황파의 소리가 말했다.
"그대의 가장 행복한 때는 언제였는가?"

그 소리 천사의 그것처럼 부드럽고 낭랑하게 울려 퍼졌다.
내 신중한 미소가 이에 답했다.
그리고 경건하게 그 흰 손에 입맞추었다.

아 ! 처음 핀 꽃, 얼마나 향기로운가, 그리고
연인의 입술에서 새어 나오는 첫 승낙이
얼마나 마음 설레게 하는 아름다운 속삭임인가.

베를렌(Paul Verlaine / 프랑스 / 1844~1896) | 로렌 주 메스 출생. 그는 파리 대학에 입학하여 법학부에서 공부하였으나 중퇴하고, 20세에 보험회사에서 일하다가 파리 시청의 서기로 근무하면서 시를 쓰기 시작하였다. 그의 시풍(詩風)은 낭만파나 고답파(高踏派)의 외면적이고 비개성적인 시로부터 탈피하여 무엇보다도 음악을 중시하고, 다채로운 기교를 구사하여 비애의 정감으로 충만해 있다. 시집으로는 <우수시집>, <사랑의 축제>, <말없는 연가> 등이 있다.

해는
어느덧
저물어 가고
있었다

해는 어느덧 저물어 가고 있었다

릴케

해는 어느덧 저물어 가고 있었다.
숲에는 신비로운 기운이 감돌고
송아지 발치에서는 시클라멘꽃이 피를 토하고 있었다
높다란 전나무는 줄기마다 불기둥이다
바람이 불면 훗훗한 향내가 몰려왔다

우리는 먼 길을 걸어온 탓으로 당신은 늘어질 대로 늘어졌다
나는 나직한 목소리로 당신의 그리운 이름을 불러 보았다
그러자 당신의 마음속 흰 나리꽃 씨앗에서
열정의 불 나리꽃이
황홀에 젖어 마구 비집고 나왔다
빨갛게 물든 저녁 — 당신 이도 빨갛게 물이 들었다

꼭 내 입술이 그리움에 화끈 달아 찾아낸 입술 같구나
그리고 삽시에 우리 몸을 활활 불태우고 마는 저 불길
옷을 질투라도 하듯 내 입술을 핥았음에
숲은 고요하고 하루 남은 목숨이 다했다

하나 우리를 위해 구세주는 부활하고
하루 해와 더불어 질투도 어려움도
목숨이 끊겼다
달은 우리의 언덕에 커다랗게 올라서고
하얀 배에서는 소리 없이 행복이 솟아올랐다

릴케(Rainer Maria Rilke / 독일 / 1875~1926) | 20세기 최대의 독일 시인. 신낭만파로 불린다. 시집으로 <시도 시집>, <두이노의 비가>, <오르포이에스에의 소네트>가 있다. 산문 '하느님 이야기', 고백 소설 '말테 라우리츠 브리게의 수기'가 있다.

가을 노래

베를렌

가을날
바이올린의
긴 흐느낌이

가슴속에 스며들어
마음 설레고
쓸쓸하여라

때를 알리는
종소리에
답답하고 가슴 아파

지나간 날의
추억에
눈물 흘리어라

그래서 나는
궂은 바람에
이곳 저곳

정처 없이
흘러 다니는
낙엽 같아라

베를렌(Paul Verlaine / 프랑스 / 1844~1896) | 로렌 주 메스 출생. 그는 파리 대학에 입학하여 법학부에서 공부하였으나 중퇴하고, 20세에 보험회사에서 일하다가 파리 시청의 서기로 근무하면서 시를 쓰기 시작하였다. 그의 시풍(詩風)은 낭만파나 고답파(高踏派)의 외면적이고 비개성적인 시로부터 탈피하여 무엇보다도 음악을 중시하고, 다채로운 기교를 구사하여 비애의 정감으로 충만해 있다. 시집으로는 <우수시집>, <사랑의 축제>, <말없는 연가> 등이 있다.

로렐라이

하이네

알 수 없는 일이다
내가 이토록 슬픈 게 무엇을 뜻하는지
예부터 전해오는 동화 한 편이
내 머리 속에서 떠나지 않네

바람은 차고 어두운데
라인 강은 고요히 흐르고
산정은 빛나네
저녁노을 속에서

아름다운 여인이 저 위에
경이로운 모습으로 앉아 있네
금빛 장신구를 반짝이며
그녀는 금빛 머리카락을 빗어내리네

금빛 빗으로 머리를 빗으며
그녀는 노래를 부른다네
그것은 불가사의하고도
힘찬 멜로디라네

노래는 작은 배의 어부를
고통스럽도록 사로잡아
그는 암초는 보지 않고
단지 높은 곳만을 응시할 뿐이네

짐작컨대, 파도가 마침내는
어부와 배를 삼켜버릴 것이네
그것은 노래를 불러
로렐라이가 저지른 짓이었네

하이네(Heine, Heinrich / 독일 / 1797~1856) | 유대인 집안에서 태어났다. 베를린 등지에서 법률을 배웠다. 1831년에 박해를 피하여 파리로 가서 20년 동안 병과 가난과 씨름하다가 그곳에서 숨졌다. '노래의 책', '로만첼로'는 지금도 널리 애송되고 있다. 감상에 곁들여 자조적이고 풍자적인 시작품을 많이 남겼다.

내 창이 바다에 향했기에

오일도

내 창이 바다에 향했기에
저녁때면
차에 기대어
저 — 수평선을 바라봅니다

백색의 아득한 해로海路

내 시선은
멀리 흰 돛에 닿았건만
그러나 나는
누구 오기를 기다림도 아닙니다

마음 없이
옛날 노래도 부르며
집 지키는 소녀처럼
또 휘파람 붑니다

슬픈 일과가 거듭는 동안
물결은 부딪쳐
사주砂州의
빈 조개껍질을 몇 번이나 옮겼는고!

오늘도 해가 저물어
엷은 볕 물 위로 사라지고
무심한 갈매기만
저 홀로 섬을 돕니다

오일도(1901~1946) | 본명은 희병(熙秉). 경북 영양 출신. 일본 리쿄 대학 철학부 졸업. <조선문단> 4호(1925)로 데뷔. <시원>을 창간하여 예술지상주의의 개화를 보게 했다.

난 알았습니다

하이네

그대가 날 사랑한다는 건
오래전부터 알았지만
그대가 그것을 고백했을 때
난 무척이나 놀랐습니다
혼자서 산에 올라
소리도 지르고 노래도 불렀습니다
해질 무렵 바닷가에서
울기도 했습니다
이제 내 가슴
태양처럼 타올라
사랑의 바다 속에 잠깁니다
장엄하고 아름답게

하이네(Heine, Heinrich / 독일 / 1797~1856) | 유대인 집안에서 태어났다. 베를린 등지에서 법률을 배웠다. 1831년에 박해를 피하여 파리로 가서 20년 동안 병과 가난과 씨름하다가 그곳에서 숨졌다. '노래의 책', '로만첼로'는 지금도 널리 애송되고 있다. 감상에 곁들여 자조적이고 풍자적인 시작품을 많이 남겼다.

그리움

후흐

그대와 함께 있기 위하여
어떠한 고난과 위험도 마다 않겠고
나의 벗들과, 또 나의 집과

풍요로운 토지도 버리겠습니다
물결이 강변을 그리워하듯
가을에 제비들이
남쪽나라를 그리워하듯
그렇게 그대를 그리워합니다

달빛에 빛나는
눈 덮인 산을
밤마다 홀로 생각하는
알프스의 아들이 남몰래 그리워하듯

후흐(Huch, Ricarda / 독일 / 1864~1947) | 신낭만주의 운동의 선구자로 다채로운 사상에 바탕을 둔 서정시와 소설을 발표하였다. 작품으로는 소설 '루돌프 우로슬로이의 추억', '독일에서의 대전' 등이 있다.

사랑의 고통

로렌스

작은 시냇물
황혼 빛으로 흐르고
푸르스름한 하늘이
어둑어둑 저물어 가는 풍경
이것은 거의 황홀의 경지

다들 잠자리에 든 시간
모든 말썽과 근심과 고통이
황혼 아래로 사라져 버렸네

이젠 황혼과 시냇물의
부드러운 흐름뿐
시냇물은 영원히 흘러서 가리라

그대 위한 사랑 여기 있음을
나는 깨닫는다
내 사랑을 본다
황혼과 같은 전체를 본다

내 사랑, 큰 사랑, 아주 큰 사랑
일찍이 보지 못한 사랑
작은 불빛과 불똥과 온갖 장애물
말썽과 근심과 고통으로 보지 못한 사랑

그대 부르고 나 대답하고
그대 원하고 나 완수하고
그대는 밤 나는 낮
이것 이상 무엇이 또 있을까
이것으로 완전하고 충분한 것
그대와 나 또 무엇이 있을까

하지만 알 수 없어라
왜 우리는 그래도 고통스러운가!

D.H.로렌스(David Herbert Lawrence / 영국 / 1885~1930) | 은사의 부인과 도피, 방랑하면서 노골적이고 강렬한 성적 묘사로 '아들과 연인', '흰 공작', '채털리 부인의 사랑' 등 걸작 소설을 남겼다.

사랑하는 사람 가까이

괴테

희미한 햇빛 바다에서 비쳐올 때
나 그대 생각하노라
달빛 휘영청 샘물에 번질 때
나 그대 생각하노라

저 멀리 길에서 뽀얀 먼지 일 때
나 그대 모습 보노라
어두운 밤 오솔길에 나그네 몸 떨 때
나 그대 모습 보노라

물결 높아 파도 소리 아득할 때
나 그대 소리 듣노라
고요한 숲 속 침묵의 경계를 거닐며
나 귀를 기울이노라
나 그대 곁에 있노라, 멀리 떨어졌어도
그대 내 가까이 있으니
해 저물면 별아, 나를 위해 곧 반짝여라
오오 그대 여기 있다면

괴테(Johann Wolfgang von Goethe / 독일 / 1749~1832) | 프랑크푸르트 출생. 소설 '젊은 베르테르의 슬픔', 고전 '파우스트'를 완성했다.

그의 반

정지용

내 무엇이라 이름하리 그를?
나의 영혼 안의 고운 불
공손한 이마에 비추는 달
나의 눈보다 값진 이

바다에서 솟아올라 나래 떠는 금성
쪽빛 하늘에 흰꽃을 달은 고산 식물

나의 가지에 머물지 않고
나의 나라에서도 멀다
홀로 어여삐 스스로 한가로워 항상 머언 이
나는 사랑을 모르노라 오로지 수그릴 뿐

때없이 가슴에 두 손이 여미어지며
굽이굽이 돌아 나간 시름의 황혼 길 위 나 바다
이편에 남긴 그의 반임을 고이 지니고 걷노라

정지용(1902~1950) | 충북 옥천 출신. 휘문고보를 거쳐 교토의 도시샤 대학 영문과 졸업. 휘문고보 교원, 해방 후에는 이화여전 교수, 경향신문 편집국장을 역임했다. 1930년대 전후, 한국사를 '언어의 예술'이라는 자각에서 현대시의 새로운 국면을 개척했다.

저녁놀

오일도

작은 방안에
장미를 피우려다 장미는 못 피우고
저녁놀 타고 나는 간다

모가지 앓은 잊어버려라
하늘 저 편으로
둥둥 떠가는
저녁 놀!

이 우주에
저보다 더 아름다운 것이 또 무엇이라
저녁놀 타고
나는 간다
붉은 꽃밭 속으로
붉은 꿈나라로

오일도(1901~1946) | 본명은 희병(熙秉). 경북 영양 출신. 일본 리쿄 대학 철학부 졸업. <조선문단> 4호(1925)로 데뷔. <시원>을 창간하여 예술지상주의의 개화를 보게 했다.

낙엽

구르몽

시몬, 나뭇잎 져 버린 숲으로 가자
낙엽은 이끼와 돌과 오솔길을 덮고 있다

시몬, 너는 좋으냐? 낙엽 밟는 소리가

낙엽 빛깔은 정답고 모양은 쓸쓸하다
낙엽은 버림받고 땅 위에 흩어져 있다

시몬, 너는 좋으냐? 낙엽 밟는 소리가

해질 무렵 낙엽 모양은 쓸쓸하다
바람에 흩어지며 낙엽은 나즈막이 외친다

시몬, 너는 좋으냐? 낙엽 밟는 소리가

발로 밟으면 낙엽은 영혼처럼 운다
낙엽은 날개 소리와 여자의 옷자락 소리를 낸다

시몬, 너는 좋으냐? 낙엽 밟는 소리가

가까이 오라, 우리도 언젠가는 낙엽이니
가까이 오라, 밤이 오고 바람이 분다

시몬, 너는 좋으냐? 낙엽 밟는 소리가

레이 구르몽(Remy de Gourmont / 프랑스 / 1858~1915) | 프랑스 노르망디 오른에서 태어났다. 시인, 문예평론가 소설가로 활동. <가면집>, <프랑스어의 미학> 등이 있다.

당신이 원하신다면

아폴리네르

당신이 원하신다면
당신에게 드리리다
아침을
나의 활기찬 아침을

그리고 당신이 좋아하는
빛나는 나의 머리카락과
금빛 도는 나의 푸른 눈을

당신이 원하신다면
당신에게 드리리다
따사로운 햇살 비추는 아침에
들려오는 모든 소리와
근처 분수에서 치솟는
감미로운 물소리들을

그리고 곧이어 찾아들 석양을
내 쓸쓸한 마음의 눈물인
석양을

또한 나의 조그마한 손
그리고
당신의 마음 가까이에
있지 않으면 안 될
나의 마음을

아폴리네르(Guillaum Apollinaire / 프랑스 / 1880~1918) | 파리에서 피카소 등과 더불어 입체파 미학을 확립하고 20세기 초반의 전위적인 예술운동에 가담했다. 초현실주의 및 모더니즘의 선구자. <알코올>, <칼리그람> 등의 시집이 있다.

한 마디 말로

하이네

내 온갖 괴로움을
한 마디 말로 모아
바람에 멀리 날려 보낼 수 있다면
바람은 그것을 잘 전해 주려나

사랑은 그대에게
바람이 그 말 전해 주면
언제라도 그대는 들을 수 있겠지
어디서도 그대는 들을 수 있겠지

밤에 잠을 청하려 눈을 감아도
그 말은 그댈 따라 다니리
깊은 꿈속까지

하이네(Heine, Heinrich / 독일 / 1797~1856) | 유대인 집안에서 태어났다. 베를린 등지에서 법률을 배웠다. 1813년에 박해를 피하여 파리로 가서 20년 동안 병과 가난과 씨름하다가 그곳에서 숨졌다. '노래의 책', '로만첼로'는 지금도 널리 애송되고 있다. 감상에 곁들여 자조적이고 풍자적인 시작품을 많이 남겼다.

달밤

아이헨도르프

하늘이 조용히
대지와 입 맞추니
피어나는 꽃잎 속에 대지가
이제 하늘의 꿈을 꾸는 것 같았다

바람은 들판을 가로질러 불고
이삭들은 부드럽게 물결치고
숲은 나직하게 출렁거리고
밤하늘엔 별이 가득했다

곧이어 나의 영혼은
넓게 날개를 펼치고
집으로 날아가듯
조용한 시골 들녘으로 날아갔다

아이헨도르프(Joseph von Eichendorff / 독일 / 1788~1857) | 독일 후기 낭만파 시인, 소설가. 향토색 짙은 많은 서정시를 남겨 '독일의 숲의 시인'이라 불린다. 사랑과 경건을 기조로 한 영원에의 동경을 노래했다.

고향

오바넬

새들도 그들의 보금자리를 잊지 못하거늘
하물며 푸른 하늘 내 고향이랴
내가 나고 자라난 낙원이여

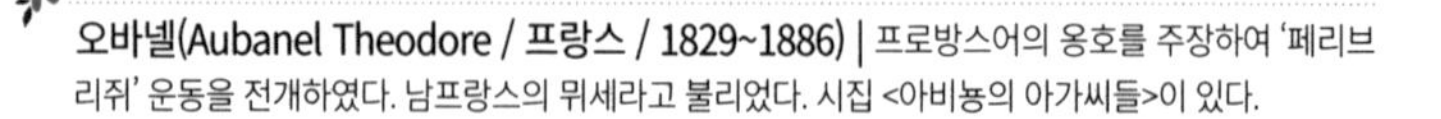

오바넬(Aubanel Theodore / 프랑스 / 1829~1886) | 프로방스어의 옹호를 주장하여 '페리브리쥐' 운동을 전개하였다. 남프랑스의 뮈세라고 불리었다. 시집 <아비뇽의 아가씨들>이 있다.

음악은

셸리

음악은 부드러운 가락이 끝날 때
우리의 추억 속에 여운을 남기고
꽃 향은 향기로운 오랑캐꽃 시들 때
깨우쳐진 느낌 속에 남아 있느니

장미꽃 잎사귀는 장미가 죽었을 때
사랑하는 사람의 침상에 쌓이듯
이처럼 그대 가고 내 곁에 없는 날
그대 그린 마음 위에 사랑은 잠든다

셸리(Shelley, Percy Bysshe / 영국 / 1792~1822) | 낭만파 시인 영국 필드플레이스에서 태어났다. 시인의 예언자적 사명을 선언한 시론으로 유명한 <시의 옹호> 등을 썼다. 시집으로는 <첸치 일가>, <사슬에서 풀린 프로메테우스> 등이 있다.

걸어 보지 못한 길

프로스트

노랗게 물든 숲 속에 두 갈래 길이 있었다
두 길을 다 가 볼 수는 없기에
나는 서운한 마음으로 한참 서서
덤불 속으로 접어든 한쪽 길
그 길의 보이는 끝까지 바라보았다

그러다가 다른 쪽 길을 택했다
먼저 길과 같이 아름답고 어쩌면 더 나은 듯싶었지
사람의 발길 흔적은 먼저 길과 비슷했지만
풀이 더 무성하고 사람의 발길을 기다리는 듯했다

그날 아침 두 길은 하나같이
아직 발자국에 더렵혀지지 않은 낙엽에 덮여 있었다
아, 먼저 길은 다른 날 걸어 보리라! 생각했지
길은 길로 이어지는 것이기에
다시 돌아오기 어려우리라 알고 있었지만

오랜 세월이 흐른 다음
나는 한숨지으며 이야기를 할 것이다.
'두 갈래 길이 숲 속으로 나 있었다. 그래서
나는 사람이 덜 밟은 길을 택했고,
그것이 내 운명을 바꾸어 놓았다'라고

프로스트(Frost, Robert Lee / 미국 / 1875~1963) | 뉴잉글랜드 지방 특히 뉴햄프셔의 자연을 쉽고도 맑은 언어로 그려내는 데 특출했다. 시집 <소년의 의지>, <보스턴의 북쪽>, <뉴햄프셔> 등이 있고, 극시 '은총의 가면극'이 있다.

향수

정지용

넓은 벌 동쪽 끝으로
옛 이야기 지즐대는 실개천이 휘돌아 나가고
얼룩백이 황소가
해설피 금빛 게으른 울음을 우는 곳

— 그곳이 참하 꿈엔들 잊힐 리야

질화로에 재가 식어지면
비인 밭에 밤바람 소리 말을 달리고
엷은 조름에 겨운 늙으신 이버지가
짚베개를 돋아 고이시는 곳

— 그곳이 참하 꿈엔들 잊힐 리야

흙에서 자란 내 마음
파아란 하늘빛이 그리워
함부로 쏜 화살을 찾으러
풀섶 이슬에 함초롬 휘적시던 곳

— 그곳이 참하 꿈엔들 잊힐 리야

전설 바다에 춤추는 밤물결 같은
검은 귀밑머리 날리는 어린 누이와
아무렇지도 않고 예쁠 것도 없는
사철 발 벗은 안해가
따가운 햇살을 등에 지고 이삭 줍던 곳

— 그곳이 참하 꿈엔들 잊힐 리야

하늘에는 성근 별
알 수도 없는 모래성으로 발을 옮기고
서리 까마귀 우지짖고 지나가는 초라한 지붕
흐릿한 불빛에 돌아앉아 도란도란거리는 곳

— 그곳이 참하 꿈엔들 잊힐 리야

정지용(1902~1950) | 충북 옥천 출신. 휘문고보를 거쳐 교토의 도시샤 대학 영문과 졸업. 휘문고보 교원, 해방 후에는 이화여전 교수, 경향신문 편집국장을 역임했다. 1930년대 전후, 한국사를 '언어의 예술'이라는 자각에서 현대시의 새로운 국면을 개척했다.

그리고 미소를

폴 엘뤼아르

밤은 결코 완전한 것이 아니다
내가 그렇게 말하기 때문에
내가 그렇게 주장하기 때문에
슬픔의 끝에는 언제나
열려 있는 창이 있고
불 켜진 창이 있다

언제나 꿈은 깨어나듯이
충족시켜야 할 욕망과 채워야 할 배고픔이 있고
관대한 마음과
내미는 손 열려 있는 손이 있고
주의 깊은 눈이 있고
함께 나누어야 할 삶,
삶이 있다

폴 엘뤼아르(Paul Eluard / 프랑스 / 1895~1952) | 생 드니에서 출생했다. 시집으로는 <고뇌의 수도>, <직접적인 인생>, <시와 진실>, <정치시편> 등이 있다.

지다 남은 나뭇잎

고티에

나무 수풀 어느덧 녹슬어 버리고
지다 남은 잎새만 다만 한 잎
쓸쓸히 슬쓸히 가지에 떨 뿐
그 잎새는 한 잎, 새는 한 마리

이내 가슴에도 이제 와서는
사랑 하나만이 노래 부를 뿐
그러기에 가을바람 흐느껴 불어도
사랑 노래 들을 길 바이 없어라

산새는 날아가고 나뭇잎 지고
사랑마저 시들었네, 겨울인 것을
새야 새야 작은 새야, 오는 봄에는
나의 무덤가에 날아와 울라

T. 고티에(Théophile Gautier / 프랑스 / 1811~1872) | 시인·소설가. 예술의 공리성을 배격하였다. 조형미를 문학작품에 도입하여 형식을 존중하는 유미적 작풍을 수립, 후의 고답파 시인들에게 영향을 주었다.

울려라 우렁찬 종이여

테니슨

울려라, 우렁찬 종이여 거친 창공에
날아가는 구름, 얼어붙은 빛에
이 해는 오늘밤 사라져 간다
울려라 우렁찬 종이여, 이 해를 가도록 하라

울려 보내라 낡은 것을, 울려 맞아라 새로운 것을
울려라 흰 눈 너머로, 기쁜 종이여
이 해는 가나니 가도록 두어라
거짓을 울려 보내고 진실을 울려 맞아라

울려 보내라 보지 못할 망자들 생각으로
마음의 기력을 앗아가는 슬픔을
부자와 빈자의 반목을 울려 보내고
만민 위한 구제책을 울려 맞아라

울려 보내라 서서히 쇠퇴할 주의주장을
고리타분한 당파 싸움을
울려 맞아라 아리따운 예절과
순수한 법을 가진 고상한 삶의 양식을

울려 보내라 결핍과 근심과 죄악을
오늘의 차가운 불신의 마음을
울려라, 내 애도의 노래를 울려 보내고
더 풍요한 시인을 울려 맞아라

울려 보내라 지위와 가문의 그릇된 자만을
세상 사람들의 중상과 모략을
울려 맞아라 진리와 정의를 사랑하는 마음을
울려 맞아라 다같이 선을 사랑하는 마음을

울려 보내라 온갖 해묵은 고질병을
울려 보내라 황금을 좇는 척박한 탐욕을
울려 보내라 지나간 수천의 전쟁을
울려 맞아라 천년의 평화를

울려 맞아라 용기 있고 자유로운 사람을
더 관대한 마음과 더 다정한 손길을
이 나라의 어둠을 울려 보내고
오시게 될 그리스도를 울려 맞아라

테니슨 (Alfred Lord Tennyson / 영국 / 1809~1892) | 잉글랜드 지방 링컨셔에서 태어나 목사인 아버지의 엄격한 교육을 받았다. 일찍부터 시에 대한 재능이 나타나 15세 때 이미 형과 함께 시집 <형제의 시집>을 내었다. 죽은 친구를 추도하여 쓴 대작 '인 메모리엄'을 1850년에 출판하여, 워스워드의 뒤를 이어 '계관 시인'의 영예를 받았다. 대표 작품으로는 '왕녀', '이녹 아든', '국왕 목가' 등이 있다.

나의 사랑은

김억

나의 사랑은
황혼의 수면水面에
해쑥 어리운
그림자 같지요
고적도 하게

나의 사랑은
어두운 밤날에
떨어져 도는
낙엽과 같지요
소리도 없이

김억(1893~ 미상) | 평북 정주 곽산 출생. 본명은 억(億). 1918년 문단에 등장하였다. 1920년대 러시아 근대작가들의 '우울문학'을 소개, 우리 문학에 퇴폐 우울의 한 시대를 엮어나갔다. 제자 김정식을 민요시인 김소월로 성장시킨 공로를 남기기도 했다. 저서로는 한국 최초의 번역시집 <오뇌의 무도(舞蹈)>(1921), 한국 최초의 창작시집 <해파리의 노래>(1923) 등이 있다. 1950년 납북되어 생사 미상.

내 눈빛을 꺼 주소서

릴케

내 눈빛을 꺼 주소서
그래도 나는 그대를 볼 수 있습니다

내 두 귀를 막아 주소서
그래도 나는 그대의 목소리를 들을 수 있습니다

발이 없어도 그대 곁으로 갈 수 있고
입이 없어도 그대의 이름을 부를 수 있습니다

내 팔을 부러뜨려 주소서
나는 손으로 잡듯이
내 가슴으로 그대를 끌어안겠습니다

내 심장을 막아 주소서
그러면 나의 뇌가 고동칠 것입니다

나의 뇌에 불을 지르면
나는 그대를
피에 실어 나르겠습니다

릴케(Rainer Maria Rilke / 독일 / 1875~1926) | 20세기 최대의 독일 시인. 신낭만파로 불린다. 시집으로 <시도 시집>, <두이노의 비가>, <오르포이에스에의 소네트>가 있다. 산문 '하느님 이야기', 고백 소설 '말테 라우리츠 브리게의 수기'가 있다.

물속의 섬

예이츠

수줍어하는, 수줍어하고
수줍어하는 나의 님
님은 불빛 속에서 움직인다
저만치 떨어져 슬프게

님은 접시를 가지고 들어와
한 줄로 늘어놓는다
나는 가리라, 님과 함께
물속의 섬으로

님은 초를 가지고 들어와
커튼 친 방에서 불을 켠다
문간에서 수줍어하며
어둠 속에서 수줍어하며

토끼처럼 수줍어하고
도움을 베풀며 수줍어하는 님
나는 날아가리라, 님과 함께
물속의 섬으로

예이츠(Yeats, William Butler / 아일랜드 / 1865~1939) | 더블린 샌디마운트에서 태어났다. 아일랜드 민족주의 정치가로도 활약했으며, 1923년 노벨 문학상을 받았다. 시집으로는 <환상> 등이 있다.

성냥개비 사랑

프레베르

고요한 어둠이 깔리는 시간
성냥개비 세 알에
하나씩 하나씩
불을 붙여본다

하나는
당신의 얼굴을 비추기 위해
또 하나는
당신의 눈을 보기 위해
마지막 하나는
당신의 입술을

그 후엔
어둠 속에서
당신을 포옹하며
그 모든 것들을 생각한다

프레베르(Jacques prevert / 프랑스 / 1900~1977) | 현대 프랑스 시인 중에 가장 널리 알려진 시인으로 영화. 텔레비전 등의 시나리오 작가로서도 유명하다. 시집 <파롤>, <구경거리> 등이 있다.

설야

달아

이상화

달아!
하늘 가득히 서러운 안개 속에
꿈모닥이같이 떠도는 달아
나는 혼자
고요한 오늘밤을 들창에 기대어
처음으로 안 잊히는 그이만 생각 는다

달아!
너의 얼굴이 그이와 같네
언제 보아도 웃던 그이와 같네
착해도 보이는 달아
만져 보고 저운 달아
잘도 자는 풀과 나무가 예사롭지 않네

달아!
나도 나도
문틈으로 너를 보고
그이 가깝게 있는 듯이
야릇한 이 마음 안은 이대로
다른 꿈은 꾸지도 말고 단잠에 들고 싶다

달아!
너는 나를 보네
밤마다 손치는 그이 눈으로
달아 달아
즐거운 이 가슴이 아프기 전에
잠 재워다오, 내가 내가 자야겠네

이상화(1901~1943) | 3·1 운동 때 대구학생운동의 봉기에 참여, 시인 백기만과 함께 사전계획을 하다 발각되자 서울로 피신. 동경외국어전문학교 수학 후 귀국, '피압박민족은 주먹이라도 세어야 한다'는 주장으로 권투를 중점 육성. 그의 시집은 따로 없고 1951년 5월에 백기만이 편찬한 <尙火와 古月>에 시 16편을 수록했다.

미라보 다리

아폴리네르

미라보 다리 아래 세느 강은 흐르고
우리의 사랑도 흐른다
마음속 깊이깊이 아로새길까
기쁨 앞엔 언제나 괴로움이 있음을

밤이여 오너라, 종아 울려라
세월은 가고 나만 머문다

손에 손을 잡고 얼굴 마주하며
우리의 팔 밑 다리 아래로
영원의 눈길 지친 물살이
천천히 하염없이 흐른다

밤이여 오너라, 종아 울려라
세월은 가고 나만 머문다

사랑이 흘러 세느 강물처럼
우리네 사랑도 흘러만 간다

어찌 삶이란 이다지도 지루하더냐
희망이란 또 왜 격렬하더냐

밤이여 오너라, 종아 울려라
세월은 가고 나만 머문다

햇빛도 흐르고 달빛도 흐르고
오는 세월도 흘러만 가니
우리의 사랑은 가서는 오지 않고
미라보 다리 아래 세느만 흐른다

밤이여 오너라, 종아 울려라
세월은 가고 나만 머문다

아폴리네르(Guillaum Apollinaire / 프랑스 / 1880~1918) | 파리에서 피카소 등과 더불어 입체파 미학을 확립하고 20세기 초반의 전위적인 예술운동에 가담했다. 초현실주의 및 모더니즘의 선구자. <알코올>, <칼리그람> 등의 시집이 있다.

연인의 바위

롱펠로

결코 죽을 수 없는 사랑이 있다

그리고 어떤 사람들은 부서진 가슴으로
각자 운명을 맞이하고

마치 별들이 뜨고 불타고 지는 것처럼
그 사람들도 떠나가 버렸다

부드럽고 젊고 찬란하고 짧았던
봄에 떨어진 잎새 속에
자기네 세월을 묻은 채

결코 죽을 수 없는 사랑이 있다

아아, 그 사랑은 무덤 너머로 이어진다
수많은 한숨으로 삶이 꺼지고

대지가 준 것을 대지가 다시 거둘 때
그 사랑의 빛은 싸늘한 바람이 불어도

깨닫지 못한 사람들의 집을 비춘다

롱펠로(Longfellow Wadsworth / 미국 / 1807~1882) | 하버드 대학의 근세어 교수로 18년 동안 강의했다. <밤의 솔리>, <민요시집>, <노예의 노래> 등 서정 시집 외에 '에반젤린', '마일즈 스탠디스의 구혼' 등 수많은 담시를 발표하였나. <신곡> 번역도 명역으로 알려져 있다.

수선화

워즈워스

산골짜기 넘어서 떠도는 구름처럼
지향 없이 거닐다
나는 보았네
호숫가 나무 아래
미풍에 너울거리는
한 떼의 황금빛 수선화를

은하에서 빛나며
반짝거리는 별처럼
물가를 따라
끝없이 줄지어 피어 있는 수선화
무수한 꽃송이가
흥겹게 고개 설레는 것을

주위의 물결도 춤추었으나
기쁨의 춤은 수선화를 따르지 못했으니!
이렇게 흥겨운 꽃밭을 벗하여
어찌 시인이 흔쾌치 않으랴
나를 지켜보고 또 지켜보았지만
그 정경의 보배로움은 미쳐 몰랐느니

무연히 홀로 생각에 잠겨
내 자리에 누우면
고독의 축복인 속눈으로
홀연 번뜩이는 수선화
그때 내 가슴은 기쁨에 차고
수선화와 더불어 춤추노니

워즈워스(Wordsworth, William / 영국 / 1770~1850) | 낭만주의 시인이자 '호반(湖畔) 시인'. 19세기 영국 낭만주의의 개척자로 불린다. 워즈워스는 '시는 강력한 감정의 자연스런 발로'라고 정의하였다. 시집으로는 작품 <서정 민요집>, <루시의 노래>, <틴턴 수도원>, <서곡(序曲)>, <영혼불멸> 등이 있다.

어떻게 사랑하게 되었냐고 묻기에

바이런

"어떻게 사랑을 시작하게 되었느냐!"
그것을 내게 묻다니 가혹하군요
수많은 눈길을 읽으시고도
그대를 보는 순간 비로소 인생이 시작된 것을

더구나 사랑의 종말을 알고자 하나요
미래가 두려워 마음은 늘 제자리지만
사랑은 끝없는 슬픔 속을 말없이 헤매이며
죽는 그날까지 살이 있는 것을

바이런(George Gordon Byron / 영국 / 1788~1824) | 영국의 유명한 낭만파 시인으로 영웅주의적, 자유주의적, 정열적인 애정시를 썼다. '어느 날 아침 눈을 떠 보니 갑자기 유명해졌다'는 그의 말은 유명한 일화로 남아 있다. 시집 <차일드 해럴드의 편력>, <돈주안>, <만프렛> 등이 있다.

단편

사포

별빛은 반짝여도
달빛 주위에서는
빛나는
제 모습을 감춘다
보름밤
은빛이 온 세상을
환하게 비출 때

사포(Sappho / 그리스 / BC 612~560년경) | 그리스 레스포스 섬의 뮤틸레네에서 태어났다. 수많은 작품 가운데 오늘날까지 전해지고 있는 것은 몇 편 안 되지만, 그것만으로도 그가 대시인이었음을 짐작할 수 있다. 제10의 뮤즈라 일컬어진다.

소네트 75

에드먼드 스펜서

어느 날 백사장에
그녀의 이름을 썼는데
또다시 파도가 삼키고 말았네

우쭐대는 분이여, 그녀가 말했네
헛된 짓은 말아요. 언젠가는 죽을 운명인데
불멸의 것으로 하려 마세요
나 자신도 언제인가 사라져 이 모래처럼 되고
이름 또한 그와 같이 씻겨 지워질 거예요

그렇지 않소, 내가 대답했네. 천한 것은 죽어
흙으로 돌아갈지라도
당신은 명성에 의해 계속 살게 되오리다
내가 부르는 노래는
비할 바 없는 당신의 아름다움을 영원히 전하고
당신의 빛나는 이름을 하늘에 새겨 놓을 것이니

설령 죽음이 온 세계를 지배하게 되어도
우리 사랑은 살아남아
영원한 생명을 얻게 되리라

에드먼드 스펜서(Edumund Spenser / 영국 / 1552~1599) | 영국 문예 부흥기에 있어서 셰익스피어와 함께 가장 뛰어난 시인으로, '시인의 시인'이라 일컬어지며 존경받았다. 89편의 연작시 중 75번.

그대를 여름날에 비할까?

셰익스피어

그대를 아름다운 여름날에 비할까?
그대는 그보다 더 온화하고 사랑스럽다

거친 바람이 오월의 꽃망울을 뒤흔들고
여름은 너무 짧아 어느덧 지나가고
이따금 햇살은 황금빛을 잃고 흐려진다
그러한 모든 것들은
시간이 지나면
그 아름다움이 줄어들거나 사라지지만
그대 지닌 아름다움은 잃지 않으리

또한 그대에게서
죽음은 멀리 있고
영원한 시간 속에서 그대는 성장하리
인간이 숨쉴 수 있고
눈이 볼 수 있을 때까지
오래도록 이 시는 살아 있을 것이고
또한 그대에게 생명을 주리

셰익스피어(William Shakespeare / 영국 / 1564~1616) | 영국의 세계 4대 시성 중 한 사람. '햄릿', '베니스의 상인', '로미오와 줄리엣' 등 희곡 36편과 <소네트집>을 남겼다.

사랑

아나크레온

나는 사랑에 빠져 있으면서도
사랑이 무엇인지를 모른다
망설임으로 해서 머뭇거리면서도
망설일 줄 또한 모른다

아나크레온(Anakreon / 그리스 / B.C.582~485경) | 그리스의 이오니아에 있는 테오스에서 태어났다. 우아한 시풍으로 유명하고, 시작법에서 말하는 아나크레온 운율은 그의 이름을 딴 것이다.

사랑의 비밀

블레이크

사랑을 말하려 하지 말아요
사랑은 말로 할 수 없는 것
어디서 오는지 알 수 없는
눈에 보이지 않는 바람 같은 것

그때 난 사랑을 말하였지요
내 가슴속 사랑을 꺼내었더니
아, 그녀는 왜 그랬는지
내 곁을 떠나고 말았어요

그녀가 내게서 떠나간 뒤에
방랑객 한 사람 찾아오더니
어디로 가는지 알 수도 없게
한숨지으며 그녀를 데려갔어요

블레이크(William Blake / 영국 / 1757~1827) | 아름다운 문체와 순수한 정열이 넘쳤고 신비주의적 묘사가 특징이다. 시집 <결백의 노래>, <천국과 지옥의 결혼> 등이 있다.

사랑

헤르만 헤세

키스로 나를 축복해 주는 너의 입술을
즐거운 나의 입이 다시 만나고 싶어한다
고운 너의 손가락을 어루만지며
나의 손가락에 깍지끼고 싶다

내 눈의 목마름을 네 눈에서 적시고
내 머리를 깊숙이 네 머리에 묻고
언제나 눈 떠 있는 젊은 육체로
네 몸의 움직임에 충실히 따라
늘 새로운 사랑의 불꽃으로 천 번이나
너의 아름다움을 새롭게 하고 싶다

우리의 마음이 온전히 가라앉고 감사하게
모든 괴로움을 이기고 복되게 살 때까지
낮과 밤에 오늘과 내일에 담담히
다정한 누이로서 인사할 때까지
모든 행위를 넘어서서 빛에 싸인 사람으로
조용히 평화 속을 거닐 때까지

헤르만 헤세(Hesse, Hermann / 독일 / 1877~1962) | 현대 신로맨티즘 문학의 완성자. 1차 대전 당시 평화를 주장하여 완전히 고립되기도 했다. 1946년에 노벨문학상을 수상했다.

누구를 위하여 종은 울리나

존 던

어느 사람이든지 그 자체로서 온전한 섬은 아닐지니
모든 인간이란 대륙의 한 조각이며
또한 대양의 한 부분이어라
만일에 흙덩어리가 바닷물에 씻겨 내려가게 될지면
유럽 땅은 또 그만큼 작아질 것이며
만일에 모래벌이 그렇게 되더라도 마찬가지며
그대의 친구들이나 그대 자신의
영지가 그렇게 되어도 마찬가지어라
어느 누구의 죽음이라 할지라도 나를 감소시키나니
나란 인류 속에 포함되어 있는 존재이기 때문이라
누구를 위하여 종은 울리나
이를 위하여 사람을 보내지는 말지라
종은 바로 그대를 위하여 울리는 것이므로

존 던(Donne, John / 영국 / 1572~1631) | 영국의 시인이자, 성직자. 런던에서 출생했다. 르네상스의 변동기에 산 그의 생애에 어울리게 던의 시는 젊은 시절의 연애시와 만년의 종교시로 대별되어 나타난다. 시집으로는 <엑스터시>, <안녕>, <자랑이 될 수 없는 죽음>, <노래와 소네트>, <신성 소네트> 등이 있다.

사랑의 노래

릴케

당신의 영혼에 내 영혼이 닿지 않은 바에야
어찌 내 영혼을 간직하겠습니까?
어찌 내가 당신 아닌 다른 것에게로
내 영혼을 쳐 올려 버릴 수 있겠습니까?
오, 어둠 속에서 잃어버린 어떤 것 옆
당신의 깊은 마음이 흔들려도 흔들리지 않는
조용하고 낯선 곳에
내 영혼을 가져가고 싶습니다
당신과 나의 몸에 닿는 모든 것은
확실히,
마치 두 줄의 絃에서 한 音을 짜내는
활 모양의 바이올린처럼 우리를 한데 묶어 놓습니다
어떤 악기에 우리는 얽혀져 있는 것인가요?
어떤 바이올리니스트가 우리를 사로잡은 건가요?
오, 달콤한 노래입니다

릴케(Rainer Maria Rilke / 독일 / 1875~1926) | 20세기 최대의 독일 시인. 신낭만파로 불린다. 시집으로 <시도 시집>, <두이노의 비가>, <오르포이에스에의 소네트>가 있다. 산문 '하느님 이야기', 고백 소설 '말테 라우리츠 브리게의 수기'가 있다.

애너벨 리

포우

여러분도 혹시 아실지 모르지만
아주 아주 오랜 옛날
바닷가 어느 왕국에
애너벨 리라 불리는
한 소녀가 살았답니다
나를 사랑하고
내게 사랑받는 것 외엔
그 무엇도 생각지 않는 소녀였답니다

나도 어렸고
그녀도 어렸지만
바닷가 그 왕국에서
나와 나의 애너벨 리는
사랑 이상의 사랑으로
사랑했답니다
하늘나라 천사들까지도 부러워할 만큼

오직 그것만이 이유였습니다
오래전 바닷가 그 왕국에
한 조각구름에서 바람이 일어
사랑스런 나의 애너벨 리를
싸늘하게 만들고 만 것이죠

그리하여
그녀의 고귀한 집안사람들이 몰려와
그녀를 데리고 가고
그 바닷가 왕국의 한 무덤 속에
그녀를 가두어 버렸답니다

우리의 행복 그 반도 못 가진
하늘나라 천사들이 샘낸 거였죠
그래요, 분명 그 때문이었어요
바닷가 왕국에선 다 알다시피
밤 사이 구름에서 바람 일어나
애너벨 리를 싸늘하게 숨지게 한 것은

그러나 우리 사랑은
우리보다 나이 많은 사람들의 사랑보다
우리보다 현명한 사람들의 사랑보다
훨씬 더 강했답니다.
그래서 하늘의 천사들까지도
바다 밑 지옥의 악마들까지도
어여쁜 애너벨 리의 영혼으로부터
나의 영혼을 갈라놓진 못했답니다

달빛이 비칠 때면
아름다운 애너벨 리의 꿈이
내게 찾아들고
별들이 떠오르면
애너벨 리의 빛나는 눈동자를
나는 느낀답니다

포우(Edgar Allan Poe / 미국 / 1809~1849) | 시인, 비평가, 추리소설의 개척자. '황금충', '검은 고양이' 등의 소설이 유명하다. 아내의 죽음으로 인한 폭음과 횡사 등으로 비극적 생을 마쳤다. 시집 <갈가마귀>, <헬렌에게> 등이 있다.

설야

노자영

어느 그리운 이를 찾아오는 고운 발자욱이기에
이다지도 사뿐사뿐 조심성스러운고?

장창長窓을 새어새어 툇돌 위에 불빛이 희미한데
메밀 꽃 피는 듯 흰 눈이 말없이 내려

호젓한 가슴 먼 옛날이 그립구나
뜰 앞에 두 활개 느리고 섰노라면
애무하는 듯 내 머리에 송이송이 쌓이는 흰 눈

아, 이 마음 흰 눈 위에 가닥가닥
옛날의 조각을 다시 맞추어
그리운 그날을 고이 부르다

노자영(1898~1940) | 시인. 호는 춘성(春城). 백조시대의 퇴폐적 문단풍조 중에서도 가장 감상적인 연정을 읊은 시가 많다. 1934년에 <新人文學>을 창간 주재했고, 조선일보에 재직하면서 <朝光>, <女性> 등을 편집했다. 시집 <사랑의 불꽃>, <처녀의 화환>, 서간집 <백공작> 등이 있다.

산 너머 저쪽

부세

산 너머 저쪽 하늘 멀리
행복이 있다고 말들 하기에
아, 행복을 찾아갔다가
눈물만 머금고 돌아왔노라
산 너머 저쪽 하늘 저 멀리
행복이 있다고 말들 하기에

부세(Karl Busse / 독일 / 1872~1918) | 신낭만파 시인, 소설가. 신선한 감각과 간결한 문체로 주목을 받았다. 작품으로는 <신시집> 등이 있다.

고엽

프레베르

기억하라 함께 지낸 행복한 나날을
그때 태양은 훨씬 더 뜨거웠고
인생도 무척이나 아름다웠다
마른 잎을 갈퀴로 긁어모으고 있다
나는 그 나날을 잊을 수 없어
마른 잎을 갈퀴로 긁어모으고 있다

북풍은 모든 추억과 뉘우침을 싣고 갔지만
망각의 춥고 추운 밤 저편으로
나는 그 모든 걸 잊을 수 없었다
네가 불러 준 그 노랫소리
그건 우리 마음 그대로의 노래였고
너는 나를 사랑했고 나는 너를 사랑했다
우리 둘은 늘 곁에 있었다
그러나 남 몰래 소리 없이
인생은 사랑하는 이들을 갈라놓는다
그리고 모래 위에 남겨진 연인들의 발자취를
물결은 지우고 만다

프레베르(Jacques prevert / 프랑스 / 1900~1977) | 현대 프랑스 시인 중에 가장 널리 알려진 시인으로 영화. 텔레비전 등의 시나리오 작가로서도 유명하다. 시집 <파롤>, <구경거리> 등이 있다.

어머님을 그리며

신사임당

머나먼 고향집은 첩첩 산 너머
언제나 꿈속에서 달리는 마음
한송정 언저리엔 외로운 달 뜨고
경포대 앞에는 한 줄기 바람
갈매기는 모래톱에 모였다 흩어지고
고깃배는 파도 위로 오고 가리니
언제나 강릉길을 다시 찾아가
때때옷 입고 슬하에서 바느질하랴

신사임당(申師任堂) / 1504~1551) | 조선의 여류 문인, 서화가. 율곡 이이의 어머니. 효성이 지극하고 지조가 높았으며, 어려서부터 경서(經書)를 익히고 문장, 침공(針工), 자수, 특히 시문(詩文)과 그림에 뛰어난 재능을 보였다.